Marjana Bulku

SUBLIME ASHT LIRIA

poezi

NEW YORK

SUBLIME ASHT LIRIA

ISBN: 979-8-9901711-2-1

Redaktor,
Faqosja,
Kopertina:
Denis Bulku

NEW YORK

PËRMBAJTJA

LIRIA SI RRUGËTIM
YLLKA LEZO

Liria, kjo fjalë kaq e madhe dhe njëkohësisht kaq
e brishtë, mbetet dëshira më e madhe e njeriut në çdo
kohë dhe hapësirë. Sapo nisa të lexoj poezinë e parë
të vëllimit poetik *"Sublime asht/është liria"* të Marjana
Bulkut, *"Marathonë rrëfimesh"* më lindën pyetje si: Çfarë
është liria për një njeri që ka lënë pas vendlindjen,
rrënjët dhe kujtimet e tij, për t'u nisur drejt një toke të
panjohur, larg atdheut dhe të shkuarës? Si e percepton
lirinë i larguari në përballje me nostalgjinë, pritjet dhe
sfidat e një bote të re?

Nuk qëndrova shumë më këto pyetje në kokë, pasi
duke përpirë çdo poezi një e nga një, mora përgjigje
për to e për shumë të tjera.

Për atë që largohet nga toka ku u rrit, liria nuk
është thjesht një e drejtë apo një ndjesi; ajo bëhet një
rrugëtim i përhershëm drejt vetvetes. Ajo që dikur
perceptohej si natyrale – hapësira e qiellit mbi shtëpinë
e fëmijërisë, aroma e tokës pas shiut, zëri i gjuhës
amtare – shndërrohet në një mall që matet me peshën
e kujtimeve. Përballë kësaj, liria merr një kuptim më të

I

thellë, më sublim.

Në një vend të huaj, liria për "të huajin" (emigrantin) është herë një sfidë dhe herë një dhuratë. Ajo matet me mundësinë për të ndërtuar një jetë të re, por gjithashtu me nevojën për të ruajtur atë që është thelbësore: identitetin, gjuhën, rrënjët. Në këtë ndarje mes dy botëve, njeriu i larguar kupton se liria nuk është asgjë pa vetëdijen dhe kurajën për të mbetur i vërtetë me veten.

Liria në distancë dhe kohë fiton një tjetër dimension. Ajo shndërrohet në një akt përzgjedhjeje: të zgjedhësh të kujtosh, të duash dhe të mos humbësh atë që je. Për të ikurin, çdo veprim i thjeshtë; të flasësh gjuhën amtare, të lexosh një libër nga atdheu, të festosh një traditë të lashtë...është një deklaratë lirie.

Në këtë përmbledhje poetike, Marjana Bulku na fton të ndjekim një rrugëtim të tillë. Me vargje që frymojnë mall dhe guxim, ajo reflekton mbi lirinë si një udhëtim, një sfidë dhe një triumf. Ajo na kujton se liria nuk është thjesht një gjendje, por një mënyrë për të qenë, një përkushtim ndaj të vërtetës së brendshme, pavarësisht ku ndodhemi.

"Sublime asht/është liria" është më shumë se një titull, është një ftesë për të medituar mbi kuptimin e thellë të saj në jetën e çdo individi, veçanërisht kur kjo jetë ndërlidhet mes dy brigjeve, dy kulturave, dy ëndrrave. Përmes këtij libri, Marjana Bulku ngre një monument për lirinë, duke e kthyer atë në një shoqëruese të pandashme të shpirtit njerëzor.

II

Sublime asht Liria
Marjana Bulku

Me këtë titull vendosa të dal para lexuesve edhe pse "*At verë të 11-të*" duket si motivi mbizoterues teksa lexon këtë vëllim të tretë me poezi çdo varg përcjell dukshëm dhe padukshëm esencë lirie.

I shkruar gjatë viteve të largimit nga atdheu ku ikja si motiv por edhe si fenomen zë një vend jo të vogël në poezinë time, rrënjët e ikjes pa asnjë dyshim ushqehen sa tek liria po aq edhe tek cënimi i saj. Dhe po, liria për mua është/asht që mban në këmbë ekzistencën materiale dhe substanciale të çdo njeriu.

Asht sublime liria, po, po "Sublime asht Liria". Prandaj frymimi i lirisë ndjehet në çdo varg e mendim, bëhet vargje lirie që i këndojnë lirisë dhe madje duket sikur vajtojnë dhunimin e saj.

Unë mendoj se edukimi me lirinë ka vlerë më shumë sesa vetë liria si koncept. Mbase pikërisht këtë kam dashur t'ia imponoj lexuesit që në titull.

Si një popull i formësuar përmes konflikteve rajonale por jo pak herë edhe mes vetes, mungesa e lirive na ka deformuar dukshëm përgjatë proçesit të formimit si komb, si shoqëri, si individ sepse liria ka munguar, është keqkuptuar dhe në shumë raste është

III

keqpërdorur.

Esenca e lirisë, tharmi i saj që bymen të drejtat e të drejtëve, ato të mohuarat, të dhunuarat, shpeshherë është shtypur nga presioni i pseudo lirive që lindin padrejtësi të reja në kohët moderne ku gjithkush rend duke pretenduar "të drejtat" por jo çdo e drejtë është e tillë. Përreth tyre lindin mjaft kompleksitete që mendoj se mund të normalizohen përmes edukimit.

Pikërisht këtu nis edukimi me lirinë që unë e përmbledh në vargjet "*Sublimja liri*":

> "*Mos thuaj kurrë çfarë të bëj në liri/*
> *As lirinë të lirë mos e lër të shkojë/*
> *Se liria asht sublimja e dijes/*
> *Kur mendimi i prin çdo fjale a*
> *shkronje/*
> *Le të flasim më shumë për lirinë/*
> *Kur liria ime është edhe e shumkujt/*
> *Kur nga liria lindin copëza lirish/*
> *Mendimi, krijimi, vyrtytesh...*
> *Kur liria, lirinë e askujt nuk mbyt*".

Dhe natyrshëm nëpër skutat e poezisë ka edhe diçka tjetër që jeton tej e përtej vargjeve, një lloj dialogu i heshtur me mendimin, mendimtarin si dhe derivatet e mendimeve që të nxisin dhe të thirrin të mendosh nëpër vargje, të vizatosh, mbase edhe të meditosh duke e sjellë mendimin në rrafshe perceptimi dhe përjetimi. Në fund të fundit poezia ka si mission përcjelljen e një mesazhi që të kuptohet, të ndjehet dhe të preket nga lexuesi.

IV

Sublime asht liria, pohon se liria është asht i qënies njerëzore, është tërësia e gjendjeve që i rrëfen njeriut udhët e duhura edhe kur labirinthet e jetës ia eklipsojnë perspektivat.

"At verë të 11-të" mbivendoset qëllimshëm nëpër vargje si për të theksuar se kur disa perspektiva hapeshin e disa të tjera mbylleshin kupton pikërisht atëherë kupton se liria ndriçon burgjet e padijes dhe i çel shtigje shpirtit, mendimit, veprimit.

Pikon liri çdo varg dhe mendim, edhe kur fjala liri përmendet pak ose aspak. ajo ndjehet; "N'atë marathonë shekullore shkrimi/që rend e rend varg/ dritë mendimit, çburgosje shpirtit/kur t'artin zinxhir fjalësh syri m'fal."

Liria si mungesat e tjera esenciale utilitare limitoi humanizmin, dashurinë dhe respektin për njëri-tjetrin duke e transformuar atë (njeriun) në të nënshtruar dhe servil: *"Duke u përpjek me dasht partitë/grisëm dhe nximë historitë/me laps e urrejtje, harresë e ngërdheshje/Ndërtuam mure hakmarrje, zilie etj etj".*

Përmes poezive lexuesi mundet të kuptojë se mënyra më e mirë për tu ndjerë i lirë, për të kuptuar a je i/e lirë është testi i lirisë së mendimit. Tek *"Mendimit kush s'i shkroi"* vibrojnë telegrafisht vargjet:

"Mendimit sa e sa herë dhunuar/prej bukurisë eklipsuar/ prej marrëzisë sa e sa herë mohuar".

Lexim të këndshëm!
Autorja

Sublimja liri

N'hapsira lirie
shoh vrulle t'paepuna andrrash
që as lufta nuk ua vrau vullnetet
as mohimi, as pengimi.
N'liri lindin ma t'bukrat shtegtime mendimi
edhe kur shpirti rënkon prej robnie
Mos thuaj kurrë; çfarë të bëj në liri?!
As të lirë lirinë mos e lër të shkojë,
se liria është sublimja e dijes
kur mendimi i prin çdo fjale a shkronje.
Le të flasim më shumë për lirinë.
Kur liria ime është edhe e shumkujt,
kur nga liria lindin copëza lirish
mendimi, krijimi, virtytesh...

Kur liria, lirinë e askujt nuk mbyt.
Se liria është akti ma i naltë i dijes.
Një shtegtim i pandalshëm.
Një andërrim shekullor.
Planimetri rregullash,
përsosmëri njerëzore...
ç'utopi!
Kur thua; çfarë të bëj me lirinë time
është veçseagu i një fijëze mendimi.

MARATHONË RRËFIMESH

Ka metrazh të gjatë,
Kilometra udhëtimesh, lotësh, përjetimesh.
Valixhe kujtimesh,
tonelata përqafimesh, pritjesh, ikjesh,
    përmallimesh.

Në portat që kyçen, filmi i jetëve nis.
Ekran janë dyert e plasaritura prej vitesh
ku ikjetnumërohen
nga miliona sy të përlotur pritjesh.

Ka personazhe të njohur, të panjohur ky film.
Portrete që puthen,
duar që shtrëngohen.
Zëra të mekur premtojnë kthime imagjinare
ky film ka tharm jete mirnjohjen.

Nuk e kam parë ende të jetës film.
Një skenar që troket thellë në shpirt
e udhëkryqet ku nyjëzohen fatet njerëzore
    ndjek
si një zinxhir që pa hallkat e veta nuk ekziston
e ku çdo hallkë ka "diamantin" e vet.
Ka metrazh të gjatë filmi i jetës
qysh kur jeta zë fill
nëpër fillin e jetës që nuk soset
nëpër marathona rrëfimesh.

ATË VERË TË 11-TË

Atë verë të 11-të, kur gjumin e zuri pagjumi
e syrit i vishte veç pragzgjim.
Vështrimi i etur për buzmbramjen
ku qartësisht shihet mëngjesi tjetër;
i kthjellët, i muzgët, ëndërrim.

Atë verë të 11-te s'di pse udha pas
m'u bë kristal qindra faqesh,
ngjyrash, zërash, formash,
përjetimi, gëzimi, hidhërimi,
honesh ndriçimi, errësimi.
Porsi aktrimi skenave ku ndërsa ikja...
"perdja" ra e unë e vetme
me udhën që shfaqej përpara, e pafundme.
Isha e ngarkuar me Dy ëndrra...
Me dy ëndrra ecnim ne.
...
Atë verë të 11-të kur shiu mendimet m'i
    lulzonte
gjatë rrugëtimit të pafund t'përqafimeve,
    lutjeve, bekimeve.
Atë verë kur sytë prej ortek lotësh
shiut përtej xhamit i vizatonin mallin.
Tablonë ia vara strehave të ftohta
t'pranverave që stinë të bukura ftonin.

3

ATË VERË TË 11-TË

Sa shumë mësova prejjetës që s'resht së
 rrëfyeri.
Teksa flet për urti, tradhëti, dashuri, mirësi,
 pasuri.
Asaj vere të gjitha se ç'më lulëzuan
krejt brishtaz kur ikja prej shtëpish që të mijat
 nuk ishin më.

Si pronare kujtimesh rrëmoj
nëpër të braktisurat stoli.
Në kërkim trojesh besnike
që vajtonin n'vetmi.

ATË VERË TË 11-TË

Rrëmova tek vetja, nëpër portrete,
e nën gërmadha tallazesh.
E me ta ndërtova dashuri.
Jo prej baltash, as rëre, jo e jo,
por me andrra të brishta fëmije plot pastërti.

ATË VERË TË 11-TË

Teksa ikja e malli më merrte fluturim,
e më shpinte vetëm aty tek e vajzërisë shtëpi,
që prej distancash më dukej madhështi.
Aty ku mama më ruante çdo veshje e stoli,
dhe me ish-elegancën e viteve,
vishte vitet që na peshonin po aq sa largësitë.

ATË VERË TË 11-TË

Teksa botës i vija rrotull me mendimit që
   udhëtonte,
tok me bagazhet e ngarkuara,
kujtimet prej përlotjesh perëndonin
   mjergulluar.
I pagjumë endej përjetimi,
ky satelit mik që s'të le kurrë vetmuar.

ATË VERË TË 11-TË

Kur e vogla ëndërr nëpër udhën e largët,
vetmuar endej, e pandihmë,
me lutjen e shtrirë,
dorës që s'i bindej ta përulte krenarinë,
këtë egoiste që shtegton e shtegton në krahë
    fluturimi
stinëve edhe të jetës.

ATË VERË TË 11-TË

Kur verën e 72-të festonim,
plot qershi qershori,
përmbi tortën ku 39-herë,
39-vjet të njejtën këngë këndonim.

Ah, po veç zërat ndryshonin
nëpër shtatë notat
ku tingujt vallëzonin dorështrënguar
rini, rrudha me hapa pleqërish e ritmesh
që porsi ditës i shuhen ngjyrat
muzgjeve kur ëndërrimet zgjohen.

ATJE KU DRINIT I BURON AMA

Pëshpëris ca fjalë
si në prehër gjyshesh e pragje shtëpish.
Janë fjalë dashurish.
Prej nga dashuritë nuk kanë kushte, as limite.

Seç rrjedhin porsi Drini.
Qysh prej shekujsh e deri në përjetësi.
Janë ca fjalë të ëmbla.
Porsi ky ujë që s'shterr e që jetës i çel jetën.

Rrjedh e rrjedh pa u plakë, as lodh,
përqafueshëm.
Pandashëm breg e lumë, si nane e bij,
si prag e shtëpi.
Ç'e bukur përjetësi.

QYTETIT TIM

Nuk ia bëra dot asnjë hotel qytetit,
as kafene a kjoskë, as shtesë pallati
por në t'vetmen librari si në tempull futem.
I pandalshmëm vrulli ofensiv i pushtuesve
    joturq.
Fundfillim i këtij shekulli barbar, barbarësh.
I bëra fotografi qytetit.
E për orë të tëra u zhyta jo në detin blu
por në blunë e thellë mendim.
-Ç'të dhemb më shume qyteti im?
Sulmi barbar apo ikjet pa kthim?

E vizitoj parreshtur qytetin tim
edhe pllakat e thyera teksa numeroj
    kalldremeve të vështira
ku qytetaria si mozaik i thyer zhurmshëm
    vallëzon
me zërat ku ndjehen ca lutje t'përmallta.
Ia ndjeva ikjet.
E vera më dhimbsej kur studentët i
    rralloheshin

e hapat fin nën blinj prej fluturime sorrash
   pushtoheshin.
Nëpër çdo ikje fjalët kalbëzoheshin si gjethe
   vjeshte.
E prej atëherë vjeshtës xheloze me xhelozi ia
   "ruaj" cdo gjethe.
Dhe kur ika prej aty...
...S'di nëse kam ikur ndonjëherë,
ngrihem me ty, ëndërroj aty
dhe orëve të pakta të gjumit me ty "flej".

FOTO BALADË VERE 16

Çdo vere ia dua kujtimet.
Çdo verë teksa shtegtoj luleve t'mendimit,
sa dua që mirazhet e tyre të më ndjekin edhe
  dimrave të ftohtë.
Çdo vere i ngrej përmendore
që kur dimri ftohtë të bëjë
unë me verën mbështjellur të jetoj kujtimisht,
mes aroma lulesh mendimin sa fort ngroh.

ÇFARË ËSHTË BALANCA?

Pyes veten: a është balancë e jetës
teksa ëndërroj për ujra të kristalta
që rrjedhin diku por jo këtu.
Teksa numëroj miqësitë e pakta
që janë larg por gjithmonë në mua.
E diku midis ëndërrimit dhe përjetimit
e gjej balancën në një të thjeshtë sentencë
dikur bukurshkruar
me kohët dhe distancat përjetesisht përqafuar.

Na bij dimnash të gjatë e të egër

Na bij dimnash të gjatë e të egër,
që pranverat kurrë s'i pamë, as u buzëqeshëm,
sepse në tru si me shiringë na ishte shti
    "atdheu lule"
ai me thirrjet "jemi gati kurdoherë!".
Ne pranverat s'i pamë asnjëherë,
ato të thjeshtat që t'i sjell një varg i lirë,
një tingull i bukur,
një njeri që edhe pse në zinxhir,
me shpirt e mendim andrron për dit ma t'mira.

Na bij dimnash të egër e të gjatë,
që s'dimë me i buzëqesh lules që jetës i fal
    hijeshinë,
se na veç netë dimnash,
shpirtit të egërsuem i shtimë me hir, me pa hir.

VALIXHET

I kanë pushtuar qoshet e pakta të mia.
Këtu...Tiranë...Dibër.
Udhëtojnë e me vete mbartin stërmunduar
edhe mendimet.
Ato rrijnë gati përherë.
Internerari: Nju Jork-Tiranë.
Vajtje-ardhje. Ardhje-Ikje.
Dhe garderoba zbrazet,
hekur rezistent veshjet.
Rrudhat, të lutem mos m'i shaj
e ngushtë është valixhja
për kilometrat e gjatë të mundimit.
Valixhet biletaprerë,
malli kinez më i shitur në botën globale,
muze shqiptarësh plot mall, plot vaje
ikje-kthimesh,
vajtje-ardhjesh.

BOSH

Më dhimbnin ikjet
si nanës shpirti kur shpia i asht bosh.
Prandaj nuk i du lamtumirat.
Qysh atëherë kur ikja u bë ikjet.
Qysh atëherë kur shtegtimet s'kishin më
    pranverë
por veç nji ikje-vjeshtë të egër dimrake.

Nuk i ndala dot ikjet,
edhe pse veten e ndala të ik.
Rri edhe sot me lutjen përgjërim, -mos ik!
Por ikjet porsi vdekjet trokasin
edhe nëse portën s'ua çel.
Padukshëm depërtojnë
e ma t'mirën ditë
n'fluturim të pandalshëm ta rrëmbejnë.

DISA IKJE

Disa ikje thërrasin
si ikona të thyera
që rebelojnë njeriun.

Disa ikje edhe pse dhembin, heshtin,
për plaget e vërteta,
veç koha është shërimi.

Ikjet ëndërrojnë
një kthim, një moskthim.

Mallkim i ikjes është zgjimi i një agimi pa diell.
Pagjumësi e shpresës, mbi oqeane
    mjegullnajash
mirazhe-bukur, udhëkyçura.

Disa ikje janë kthime në pikën e nisjes, kur
    koha s'të braktis,
kur e pakohë është plakja, trishtimi, përmallimi.
Ti udhëtar ikje-kthimesh pafund.
Mos harro lutjen që të pret, përcjell e sheh nga
    ty,
si i nënës bekimi.

DITLIBRIT

Kur n'syth t'shikimit
leximi çel ma t'bukrin mall
për fjalën a t'brishtin tingull
që mendimit filiza jete i fal.
N' atë maratonë shekullore shkrimi
që rend e rend varg...
Dritë mendimit ç'burgosje shpirtit
kur t'artin zinxhir fjalësh,
syri m'fal.

ËSHTË BUKUR TË LINDËSH NË SHTATOR

Është bukur të lindësh në shtator.
E arta vjeshtë dekor
e porsi gjethëzat urimet dalë prej shpirtrash
    fluturojnë,
e shpirtin e nënës bekojnë
atë që hesht përjetë
por kjo ditë shtatori
me ngjyra vjeshte i flet.
Ia bekon çdo dhembje
fjalët që dot nuk i tha
kur pesha e jetës porsi barra
jetën ngarkuar ia la.
E sot e përjetë plot jetë e përshëndet.

LODHJE

Je i lodhur, e di.
Izolimi i gjatë burgosës verbëri
ngjyrat e jetës ti veshi me terr.
Dhe ti nuk di se cila prej tyre është e jetës
dhe cila vdekje ndjell.
Coroditur endesh lexueshëm,
kafeneve, rrugëve,
ku lajmet si vallëzime gjethesh vjeshte lëvrijë
ta kanë shtruar udhën me trishtim
ku edhe hapat ngrijnë
mbi ag mëngjeset ëndrrabrishta.

Djerr

Duke u përpjekë me dasht partitë,
kur partitë rendën pas nesh,
harrum me dasht atdheun,
atdheun e lamë djerr.

Duke u përpjekë me u rreshtu partive
harrum njeriun, atë që nuk bzante, nuk
      këlthiste.
Atë që mendjen dhe shpirtin të artë e kishte.

Duke u përpjek me dashtë partitë,
grisëm dhe nximë historitë
me laps e urrejtje, me harresë e me
      ngërdheshje.

Ndërtuam mure,
mure hakmarrje e zilije
teserash të paboja partije.

Duke u përpjek me dashtë partitë
harruam të nesërmen e syve të një fëmije
që frymëmarrje kishte LIRITË.

22

TË JESH ZËRI I ATYRE QË S'FLASIN DOT

Të jesh zëri i atyre që s'flasin dot
e me ngjyrat e arsyjes t'i çelësh një rreze
    shprese të drejtë
botës që me të padrejtën gjarperueshëm rend.

Të ndalem, të hesht,
në këtë botë stërmbushur me pacientë?!

Zërin që s'mundet me lyp jetë,
kur zhurma boshe ulëret, shkel, përbuz, vret
me urrejtjen si gangrenë.

Ti zë që dot nuk flet,
eja në jetë, eja në jetë.

EKRANIT MIOP

Të kisha thënë se jeta e vërtetë ështe atje jasht.
Ku mbi një gur të braktisur lind art.
Ku mbi nje dorë të shtrirë që lutet
ka një ndërgjegje.
Atje ku flitet nën zë dhe me zë,
atje ështe edhe dhimbja që kurrë s'u ndie.
E sot, si në një simfoni
s'e dalloj dot të pastrin zë
atë që lehtas rrëfente për vuajtjen me ison e tij.
Atëherë kur veshët ti mbyllte heshtja-rehati.

Shumë herë takova të vërtetën në jetë
nëpër rrobat larë me melio grasatore.
Njollat e mundimit s'janë veçse nder.
E lodhëshme, sa e lodhëshme ështe
indiferenca që nuk pjell kurrë zgjidhje.
Sepse në muret e mbyllura
zërat veç telekomandohen.
Ata që vërtetësisht qajnë, vuajnë, e ankohen,
nuk ti serviri ekrani miop.
Ehhh...

"E mora nje ditë viktimën e dhimbjes për
    dore"
që ta shihje se c'fytyrë ka trishtimi...
...por më kot.
Sepse jeta e vërtetë është përmbi çdo gur që
    shkel.
Fjalët që thua e shkruan.
Sa e bukur dhe e shtrenjtë është një e vërtetë.
Teksa të ligështat rrjedhin e rrjedhin si rrëketë.

FANTAZMA

Me ta mund të shkruash vargje të trishta,
mund të pushtosh ekrane,
shkrime nën tinguj pompozë.
Mund të bësh skenare dhimbjeje,
dhimbjen me ta mund ta konturosh.

"Flokë të gjakosur baltash",
sy që nën kapakë strehojnë barbarë,
duar të pafuqishme që zgjaten,
buzë që s'kanë zë as per t'fundit lutje a fjalë"

Me ta mund të bësh politikën e ditës,
lajmin, editorialin bën me ta,
mund të fshehësh realproblematikën,
mund të pasurosh organizatën me ca si ata.

Ata...varg i gjatë që ikin.
nuse pa kurorë,
e dhimbjet ulërijnë
si fantazma të së keqes lëvrijnë
teksa ikin e ikin pa kthim.

FLAS ME...

Mbrëmjeve të qeshësh,
në dhomën e ngrohtë
në paqe me veten, me të tjerët.
Errësirë...
pa formë intriga:
s'të sheh, s'të njeh, s'të vret.

Mbrëmjeve të heshtësh dhe të mendosh
se nesër fëmija-burrë
nëpër rrugën që s'e gjen dot,
ty të akuzon.

Në mbrëmjen e ftohtë
kronikë e përjetëshme është shikimi i ngrohtë.
Edhe pse errësirë, hapat e diellit shquhen fort.

FUNDVJESHTË PËRMBI GJETHMENDIM

Fundvjeshtë përmbi gjethmendim
që jetës i thur pafund himn,
herë me vrullin që era gjethet shfryn,
herë me humusin që jetës, jetën ia përtërin.

Fundvjeshtë përmbi gjethmendim
e vjeshtës hireshumë dimri egërsisht i prin.
E largët Pranvera nëpër shtegtimin e gjatë deri
në lulzim.
Gjethmendim-arratisur
tek puth rrezet e diellit të largët ngjyrashumë.

GRI

Eshtë gri mëngjesi.
Edhe vrapi yt në këpucët e veshura gabim
rrugës së drejtë që nuk të shpie askund.

Gri është mendimi
që edhe pse ngjyrat përkund
në gjumë nuk i mban dot, as zgjuar, dot nuk
    mund.

Sa gri dëshira.
Dashuritë mos i njollos as pudros, baltos,
    gropos.
Lëri të lira dashuritë të thithin ajrin gri,
mëngjesin e muzgët me shi, pa shi.
Nën qiellin pafund të fytyrave që larg koha gri
    dëboi,
të dashurit portrete të shpirtit,
që veç me shpirtin shtegtojnë përqafuar.
Edhe pse gri, shi, ftohtë
në këpucën e gabuar, rrugës që gjarpëron.

27 TETOR 6 AM

Tek ngre zërin
jo prej padrejtësisë, as lodhjes
kur ndër deje gjaku me hovet e rritjes lëvrin,
edhe pse e njomë është fytyra e brishtë,
aty ku ende unë ruaj atë të vogëlthin.
Shpërthejnë dialogjet-monologje, pa mendim,
    reflektim.
E njohur kjo hallkë e moshës
në zinxhirin e gjatë të jetës
ku mendiminuk i përgjigjet
dot gjatësisë së shtatit dhe të dëshirës.

Jam aty.
Si dikur kur gjumit tënd i bëja shoqëri me të
    ëmblat ninulla.
Jam prap këtu e pres që mendimi yt të rritet
edhe nga imi i rreptë vështrim.
I yti rebel shpërthim moshor pas të cilit
    nënqesh me një përqafim.
Sepse ia di burimin.
Prej jetës buron, ëndërrimit dhe dëshirës
që tok me gjakun rinor hovshëm lëvrijnë.
Të pres.
Siç mua FJALA e ngrohtë e saj më ndriçoi
edhe kur eklipsoheshin shtigjet e jetës.
Fjalës që ngroh, lehtas afroju
e zbute nxitimin kaotik nëpër pyllin pa busull
    shtegëtimesh.

Në rrugëtimin e saponisur të pashë, "të lashë"
    vetëm.
Kur ika mes syve të përlotur i vogli-i madh m'u
    shfaq.
Më shtrëngoi duart imazh-mirazhi
teksa i vogli mirazh largohej ngadalë
i madhi (imazh) duart drejt meje zgjat.

Kë të dua me fort, më prane kë të mbash?!
Shpirtit gjigand avitju
me kurajon, guximin, këmbënguljen e një të
    rrituri.
Dashurisë dhuroji: përjetësinë e një
    përkushtimi.

HI-HISTORI

E çfarë ishe ti atëherë?
Pyes veten sot, përherë.
Një i ri me ëndrrat dashuruar
rritur me djersë prindërish
ndershmërisht të përkushtuar.

Cfarë i kërkove jetës ti atëherë?
Kur jeta krejt varfërisht
të dhuronte vetëm nder!

Hapa të vonuar prindërish
që kohën e tyre të dhunuar
ta rifalin sërish si të vetmen trashëgimni, të
    rrudhave, të syve,
portret i një heroi të një populli pa kujtesë,
të përçudnuar deri në harresë.
Çfarë t'i kërkoje jetës ti
kur nga mbrëmja deri në mëngjes
nëpër rradhët e gjata të pritjes
ku as dhimbja nuk ankohej
e pritja nuk ta falte durimin që plagosej
sepse tollona nuk mjaftonte
kur rradha ishte e gjatë, fjala e paktë.
E brenda shpirtit
gufonte dëshira për një ditë ma të bukur.

Ti ditës ma të bukur
 nuk ia dije ngjyrat, datën, vitin.
As orën, agun, perëndimin.
Në guvën e izolimit,
muzgut të ekzistencës,
vajit të ngujimit,
burgimit të ndjenjës,
prangave të mendimit,
plagosjes së ëndrrës.
Në dhimbat e vajtimit,
thirrmave të shpresës
Ishe ti.
Endesh ende legjendave
si një legjendë që rend pas popullit të vet që e
    krijoi,
por harroi, e braktisi
atëherë kur tufanet e marrë turreshin e
    shkulnin
bimët, lulet, muret, themelet, dëshmi
    legjendash.
Themelet Legjendat përtërijnë!
Çfarë po kërkon tani?
Dje, sot, nesër?
Ky hi fjalësh, malesh, qytetërimesh,
akullnajash,
amfiteatresh,
autostradash,
pyjedjegur,
është histori.
Përtëriji!

HIJENA PARTI

Bija të nanës JoShqipëri!
Që shani e pshtyni
edhe mbi bijtë ma të mirë të saj.
Hijena partish.
E keqja farë e juaj u thaftë!

IK ME VARGJET

Unë luaj me vargun,
lind, ushqej, përkund.
Pagjumësive të gjata
vargjet rrjedhin lumë.

Gërmash dorështrënguar.
Fjalë që godet.
Fjali drejtpeshuar,
mendimi rrëshket.

Fletëve të bardha u shkruaj
me fjalë të arta
të gjuhës së amshuar.

Prej gjykimesh t'përcipta ik!
Dialogje të përdala
mediave të trishta.
Sa frikë!
Une iki me vargjet.
Fjalën fort shtrënguar.
Mendimin të pastër
t' vërtetën mbuluar.

Unë iki mesnatës
me fletën e bardhë
fjalët e përbaltjes
s'i mbaj dot dot në kartë.

Kohë për të besuar në Zot

Ka kohë që vetëm në Zot besoj!
Në të bukurat ngjyra dhuratë e Tij,
Kur përmbi lule derdh ngjyra jete,
e jetes freski, hijeshi, bukuri.

Unë vetëm në Zot besoj!
Atij që fjalën ia fali njeriut me shpirtin e mire.
Në veprat e bukura, të mrekullueshmen provë
të dorës së Zotit dëshmi.

Vetëm në Zot besoj,
kur kohët nxijne, ulërijnë,
e njeriu nuk njeh dot njerinë
veç një Zot shpirtrat në errësirë ndrin.

Mirë e di, në këtë botë jo të gjithë dinë të duan.
Në këtë botë ku gjysma-njerëz si hiena lëvrijnë
e ku veç në Zot shpirti rrin i qetë e nuk druan
kur dikush e vret tinëzisht pas shpine.
E kush s'e provoi, zhgënjimin, brengën,
e kush lotin s'e derdhi ortek.
Në këtë botë ku fal Zotit, të paqtë ne erdhëm
e në mes njerëzve, sa shumë helm
Ka kohë që vetëm në Zot besoj,
aromë lulesh, fluturime zogjsh,
e Zotit dëshmi ekzistence.
Kur jetën me vdekje duar njeriu ndëshkojmë
në Zot, veç në Zot
bashkë me ca lutje shpëtimi.

KUR T'PUTH TY

Kur t'puth ty
nuk du ma me pa.
E vogël bota
e pavlerë gjithçkaja
e gjitha n'përqafim t'pandashëm.
Kur t'puth ty mbyll sy
e n'andërrim jeta jote m'shfaqet.
Ku ti rend e re
n'fusha t'lulzume.
E gjith bota jote
n'këto dy sy.
Tre dimensional
jeta që na la pas
që edhe shtegtimin pas e kthen
fluturueshëm n'përmallim të një përqafimi
që m'tregon se ti ende jetë m'dhuron.

LE TË LUTEMI

Le të lutemi
përmbi vargjet që botën frymëzuan.
"Imagine" John Lennon.
Botën e lirë prej tingujsh rilind
e mure izolimesh me partitura i shkund.
Le të evokojmë heronjtë
ata të heshturit që kurrë s'kërkuan lavdi
edhe pse fati i mbrapsht
edhe eshtrat ua zhduk.
Le të lutemi, për të vërtetat e heshtura
që botën ndrijnë, përtërijnë
edhe pse historitë tona, ato kurrë s'i njohën!

Le të ulemi pranë pafajësisë së fëmijëve
që me ëndërra të brishta ushqehen, maturohen.
Aq larg prej mashtrimit, babëzisë
që shpresat shtypin e të ardhmet grisin.

Le të lutemi pranë shenjtorësh që guxuan,
u martirizuan, u mohuan.
Kur fshehtësisht i belbëzuam
provuam shije lirish
e tash me zë të lartë
burim krenarish.

Le të lutemi që mendjeve
kthjelltësia t'ju prijë.
Fjalët e pathëna, të dhunuara, tjetërsuara,
    errësuara
nga dhuna, a urrejtja pa shkak
që varfërisht trashëguam të djeshmen e sotme
që pasuritë na rrëmben.

Lutem...
...ka kohë që lutem
në vetminë time, tënden.

DJE PA NJË NESËR

Dje autorët e shkatërimit
si aktorë shpresash "përballë u vunë",
e përmbi qindrra ëndrra tona të dhunuara,
"dyluftonin" duke shkërmoqur çdo filiz
    shpresëze
nga ato që nuk lindin dot kurrë
prej ndoshta të fundit duel apsurd
që lind veç urrejtje.

Është njësoj si dje dhe pa një nesër
kur autorë shkatrrimesh dhe aktorë shpresash
    pretendojnë se është nesër.
Një e nesërme që nuk vjen dot kurrë
prej valvitjesh si triumf të flamujve t'urrejtjes.

KUR JETA TKURR RITME

Kur jeta tkurr ritmet
është koha mendimet shtruar me i thur
me vrulle të kërrusura dite
e me lozonjare kujtimesh vrull.

Kur jeta ritmet ti ngadalësojë
skutave të qënies vështrimet mbill
e çdo fije jete shndërroje në filiz që
sythe të çelë në t' pafundmin lulzim.

Kur jeta ritmet i ul
porsi fryma që vjen e shkon,
në agun e diellë teksa muzgun puth
peisazhin ngjyrplot mos e ler të shkojë.

Kur ul ritme jeta
mos harro me vete të kesh sy e laps
muzgjet kanë gjithmonë magji
ngjyrash, përjetimi e fjalësh.

DIAPAZON

Fjala dhe jehona
e vërteta e një zëri
që timbrit të kohës jeton
si këmbana që lutje e thirrje lajmëron.
një këmbanë zgjimi
me tingullin diapazon
valë zëri që godet herë shkëmb e herë breg
nuk ndalet as kur stuhi erërash e tufanesh e
    përplasin fort
bëhet këngë jo vajtimi,
as mallkimi por lutje,
shpetimi.
Fjala diapazon
teksa shkruhet
prej jetës kumbon e jetës i bën jehonë.

HARTA E FJALËS

Ato udhëtojnë shtigjeve të panjoura
andej nga bëmat humane i shtyjnë.
Pastaj rendin thellesisht drejt zemre
nga ku ujiten prej lotësh mendimi.

Shtegtimi i fjalës drejt trurit rend
oksigjenuar prej logjikës, arsyes, bindjes.
E më pas goja artikulon harta fjalësh
e dete pafund perjetimesh.

Në mbretërinë e principeve të mia

Në mbretërinë e principeve të mia
rri derëhapur.
Është një qoshe mendimesh
mbi të artin fron që pak kush e viziton.

Ndaj dera rrin përherë e hapur
edhe kur dikush me gur qëllon
me at gurin që dorën e fsheh por unë ia di të
    zot
O Zot ç'mëkat ta quash zot dorën e robit
    shpirtzi!

E hapur mbretëria e principeve të mia
E pavdekshmja mbretëri më rrëfen
se sa shumë jeta vlen kur prej saj vyrtyte vjel e
    mbjell-mbjell e vjel.
Aty në oborre të stërlashta fronesh Nderi.

KOHË E PA KOHË

E vështirë kjo kohë.
E vështirë për nënat
sidomos për ato nëna që lindin djem.

Djem që koha shpejt i bën burra
Që të pathyeshëm nëna i don.
Edhe koha.
Kjo kohë e pa kohë.

VJETRUAR KY QYTET

Është vjetruar ky qytet
ku ne rinisëm jetët tona
e ku embrione ëndrrash trokasin çdo ditë.

I vjetër është ky qytet
ndaj udhës së vjeter
na duhej të ecnim shtrënguar për dore
sepse nga ajo vjetërsi fantazmagorike kishim
        frikë.

Ehhh ky qytet
ka qindra vjet që pret e përcjell
e udhët, botës që zien ia mëson
pa i çrrënjosur ato nga ne vijmë
e ku me aq shumë mall
gjithmonë duam të shkojmë.

Qyteti u plak edhe pse ardhjet luten për rininë.
Me barrët e botës i ngarkuar ky qytet
i botës bastum, i pa gjumë rrin.
Si lum rrjedh jeta nëpër udhët e pagjuma
ku derdhet kafeja prej vrapit të rrëmbimthtë.

Plaket qyteti sa herë që e djeshmja duket larg
…dhe e nesërmja është tani.
E mëngjesi puth mbrëmjen e gjatë duke i thënë
        njëri-tjetrit: "mos fli"!

Nuk mjaftoka koha në këtë qytet.
Ndaj jeta i ka veshur komode atletet.
Ta duash?! -Nuk ke kohë!
Të ikësh?! Të pashmangshme rikthimet.

Vrapon me kohën nëpër qytet,
me veten, kujtimet nëpër hartën ku ndodh
    edhe të ngatërrosh udhën
që gjarpëron drejt labirinthesh.

Vrapon me kohën labirintheve
e ku malli për ikjet porsi lumi i trojeve tona
    t'rrëmben
nëpër këtë qytet që pret e pret të ikurit që vijnë
me lutje rinore që plaken sakaq
e prapseprapë koha ngecur është në një ditëikje
    që kurrë nuk u plak.

LEKTISJE 1

Në kohë pabesish,
kur fjalët era i përdredh,
kur as ëndrrat nuk ngjizen prej pagjumësish.

Në kohët pa diell,
kur stinët prej mjergullash nxijnë.

Në kohë djallëzish
kur "miqtë" në armiq gdhijnë
dhe pse-në as vetë s'e dinë.

Do njohësh Miqtë.
Ndërsa arratisen:
pafajësitë, dashuritë, mencuritë.
Diku...nëpër qiej lirish.
Ka jetë nëpër atë "fluturim"...
"në fluturimin-shtegëtim".

LEKTISJE 2

Në kohë marrëzish
kur fjala vret dhe syri mallin verbëri ka
vallëzo ne parqe lulesh,
ku ngjyrat derdhen
porsi ëndrra netësh të gjata.

Në kohë vetmish
kur mirësitë plasariten shkretëtirash.
Behu vale e bardhë
që tokën-shkëmb e ledhaton ngadalë,
si ninullë e stërlashtë
që jetës i këndon pandarë.

Në kohë babëzish
kur duart kalkulojnë pa mend
dhe mendjet shtegëtojnë pa krahë,
nëpër labirinthet ku mendimi tretet
hapat gjurmo, vizato,
me penela ngjyer djersëve.

Kur mundimi pengesë kurrë nuk u bë
por vargu i viteve të një jete.
Aty rri, ndalu, vallëzo
me vitet në heshtje.

LUM JETE

Nëpër secilin nga ne
rrjedh i qetë, i rrëmbyeshëm, i pandalshëm.
Është brenda nesh,
përbri, diku nëpër shtigjet që nuk shihen.
Lind jetën e jetën përçon
brigjeve, ngushticave të errëta.
Tek unë, tek ti,
nëpër thellësi që nuk duken
por pa to oksigjeni i jetës shteron
vyshken jetët pa to.
Lumenjtë e jetës
që me jetën vallëzojnë

MAMA M'THOTË

Mama m'thotë:
-"Mos bjer me flejt
pa m'ja pa djalin djalit".

E kur gjumi më merr
prap me del
kur Fjalën Asaj ia thyej.

Edhe pse koha ne na thyen
shpesh herë.

Dhe kur fjalës para i del
...e gjumi s'të merr
kohën tres me t'pagjumen ndjesë.

MBRËMË

Janë të padukshëm lotët.
Edhe pse syve lënë gjurmë.
Nuk përshkruajnë dot dhimbjet
edhe pse rrjedhin pa zhurmë.

Nuk i patë kurrë lotët
që njomën pagjumësitë
dhe mëngjesit të përgjumur
kur dielli prap shndërrin.

Nuk shkruhet me lotët
as kënga, as fraza.
Me të vizatohet shpirti
Labirintheve, aty ku nuk hyn dot fjala.

Mbrëmë, e pagjumë
nga mungesa jote e gjatë
pritja si varg fjalësh që s' shkruhen,
në sy meraku i nënës, sa kjo botë, i stërlashtë.

MENDIMIT

Si me ik prej kohësh të liga?
Kthesat e forta s'po mjaftojnë.
As me andrra t'brishta,
as me rrëfime të trishta.

Prej kohësh të liga si me shpëtu?!
Me guximin që marrëzitë i zbon,
apo përmes mendimit që ligësitë shëron.

NE

Ne heronjtë i veshim me mister.
Pastaj me pluhur, me harresë.
Pastaj, pyesim zotat,
vallë, pse?...
Dhe pastaj, oh pastaj(!),
i lusim teksa i kerkojmë, harrojmë, mohojmë
dhe lulet e mirënjohjes thërrmojmë...

Ne heronjtë tanë nuk i njohim
as të vdekur, as të gjallë,
as të gjallët e mosvdekur,
që as urdherat nuk i bëjnë dot të gjallë.
As bëmat e pabëra të heronjve që dot
heronj nuk janë.

Ne, veprës faqet me ia lexu një nga një...
porsi femijës hapat, ëndrrat...

NGRIU ATJE

Diçka mbeti e ngrirë atje.
Dashuria, malli, loti...
Përqafimi i saj ngriu
edhe shikimi, përmallimi, hapi.
Drejt asaj
që nuk mbërrin dot
as ikën
edhe pse përshkon
dy botë
që oqeani i mallit ndryn,
në pafundësinë e vet
e prap s'i ndan dot.
Diçka mbeti atje, ngriu
si fjala e pathënë, ajsberg,
që as dielli nuk e shkrin.
Thellësisht akuj -rrënjë lëshon.
Mbeti atje diçka:
shikimi u tret,
rrënjë
kërkimi mbolli
e mbiu sy malli.

Kënd mendimesh

Ka një qoshe, një kënd
ku mendimet ecin me këmbë
e më pas hapa bëhen, kilometra.
E udhëtojne anekënd.
Që prej qoshes
ku bisedat nuk zënë vënd
e nga ku hapa bëhen, gjurmë, pendë
që fluturimthi mendimin pushtojnë
e pastaj rrjedhin, porsi lumë që s'shterron.
gurgullueshëm prej nga ai kënd i ngrohtë, djep
    mendimi.

PA ATA

Edhe më e vogël pas çdo ikje.
Si fëmija që pas hapash që e lejnë vetëm rend.
Edhe më e brishtë pas çdo lamtumire,
pas çdo fjale që dot nuk flet.
E padukshme vetvetja,
mikroskopike pa ata...
Ata ikin...
e unë tretem pak nga pak.

Zgjimi pa zgjim

Ai -ajo në shtratin e pashpresë.

Ajo e lidhur me pranga në shtratin e shpresës
për t'i thënë: "Jo!" vdekjes që josh me iluzionin
   e bardhë.

Ai -dorëzuar errësirës së saj të përjetëshme
me heshtjen e pafuqisë
   që pak nga pak i ndal çdo fije jete.

Ajo -nuk di pse është aty.
zvarriten fjalët si gjaku që në helm shndërrohet
pas çdo hapi që nënës nuk ia dëgjoi lutjen,
as brenges nuk ia ndjeu lotet.

Hesht iluzioni i bardhë,
kur jetës shpresën ia shterr
as lotët e nënës përmbi shtratin e gjatë të lutjes
nuk ia kthejnë dot gjallerinë e rinisë,
as hapin e nxituar që gabimisht rendi drejt
   iluzionit të bardhë
që jetës ia fshiu bukurinë, ngjyrat, endrrat.

Muzg mendim

Udha është e mjergullt.
Hapat përhumben në paudhësi.
Më tradhtojnë a nuk binden, nuk e di.
Udha është e muzgët
gjurmët e dritës fiken nëpër errësirë.
Si formula të stërlashta këto hapa
mendimit dot s'i prijnë.
Në rrugëtimin pa mendim
të varfër janë hapat,
errësuar shtigjet
në paudhësitë e shpirtit nuk ka dritë
dhe ëndrrat fiken
vetvriten në errërsirë.

IKU...

...dhe zëri, fjalët, tingujt
mbetën tek unë.
Ikte...
...dhe fluturimthi mbi mua,
si gjethe vjeshte u valëvit shikimi.

Iku...
Peng tek unë e gjithë Qënia
për të mos ikur mbeti.

PERËNDIM

Perëndon dielli përbri një mali, një kodre, një
    deti, një shpirti
që mbeti atje,
ëndërrimtar i zgjimeve të bukura
Kur perëndon dielli
luan përmbi mijëra partitura
një himn të thjeshtë tingujsh
që mallin kanë marsh.

Perëndoi dielli
harmoni tingujsh
bëjnë serenatë mbi mal, kodër, det
në shpirtin e trazuar nga ikjet!

NGANJIHERË

Nganjiherë
Ësht ma mirë me qenë dyqind vjeç
se sa njëzet,
    e nëpër mendime të motçme me lundru.

Nganjiher ësht ma mirë sytë me i mshel
e nëpër lulzime andrrash me fluturu.

Nganjiher ësht ma mirë me u mat sesa me
        vepru
ma mirë me hesht sesa me broçkullu.
Hyjnore ësht me u mendu
nëpër frone nderi me u përgjëru.

PO ECI ATJE KU JETA LEN GJURMË JETE

Ne urojmë për festa
 ditën kur ajo ndodh.
Është bukur t'i buzëqeshësh gëzimit me shpirt,
 me sy, me buzë.

Heshtim kur e padrejta na vret, na dhemb
se dhimbjet mësuam t'i kapërdijmë
në gjysmë-shekullin "çmend".

Ne nuk mësuam
që padrejtësinë ta ndëshkojmë me drejtësi
 kurrë.

Kur tjetrin si armik përbuz e veprën nuk di ta
 çmosh,
mëso të mendosh, reflektosh,
të shohësh me maturi, urti.

Ne tjetrin me sytë e kthjellët edhe të mendjes
nuk mundëm ta shohim kurrë.

Po eci atje ku jeta ka jetën gjurmë!
Atje ku vepra s'vdes kurrë.

ECJE PARALEL

Ecjes së ëndrrave,
stepjes së hapave,
dilemës së veprave,
pendesës së zhgjëndrrave,
harresës së ideve,
thurrjes së shpresave,
plakjes së vonesave,
zgjimit të dëshirave,
thuaj një të përjetshëm mirmëngjes!
Strehimit të braktisjes,
ngushëllimit arratisës,
paqësisht paqes,
rreptësisht dhunës,
miqësisht mirësisë,
pabesisht pabesisë,
ëmbëlsisht bukurisë,
ftohtësisht tradhëtitë.
Tradhëtive rriji ftohtësisht.

KRISTALMENDIM

Ca vepra që lënë gjurmë ngado
të paqta, të bukura, të egra.
Mirënjohja, urrejtja, zilia
si kurorë që shkëlqejnë
edhe pse përkohshëm.
Mendimet, çmimi i çdo veprimi
i të brendshmit instikt
që buron jo prej shtirjes,
as kurorash vezullimi,
por prej thellësie ku shpirti kristal shndërrin.

SHPRESËS

E vogël
edhe pse sytë zmadhueshëm në kërkim.
Vezulluese,
errësirës ia ndriçon verbërinë.
Qetësisë,
jopaqësore i grish shurdhërinë.
Hyjnore?!
Njerëzore, e jetës pulsim.
E pagjumë.
Nën sy ëndërrimtare të përgjumur.
Gjallon
edhe pas pengesës, disfatës, humbjes.
End jetën
edhe nën ortekët e dhimbjes që frymët ngrin.
Sekret
i ekzistencpërjetësisë, jetën përkund!

SI IKTE AJO...(JETËS)

Si ikte ajo!
Edhe pse e doje, të donte.
Edhe pse i luteshe, të luste teksa prej duarsh të
    shtrëngonte.
Rrëshqiste pandalshëm
edhe pse shtrëngimi i dashurise s'e lëshonte.

Si ikte ajo!
Ashtu sic vjen
prej engjëjsh dhe dashurish rrethuar.

Si ikte ajo!
Pa rënkime e zë.
Ikte ajo...

Por kur lutjet dhe dashuria pritë iu bënë
ikja u ndal.
Dhe shikimi dhe zëri dhe fryma,
rikthehen pa fjalë.

SOT

Sot valët vallëzonin përsëri me gurët gri.
Sotera luante me flokët e mi
si me gjethe e lule trungjesh pështjelluar

E largët m'u duk vjeshta sot.
me ngjyra të ngrohta vere vjetëruar.
Jetë mëngjesit,
një diell i qartë, i "paarnuar".

Sot nuk i hodha sytë nga avionët
që qiellit paqësor qetësinë i grisin.
Çdo lulebore e ledhatova
me dashurinë e përmalltë të një shikimi.

I përkëdhela djemtë sot,
me fjalë të vjetra shënimeshmezi-shkruar, teksa
    rriteshin...
"në maj, dhëmbi i parë,
nëntorit, hapat e pasigurt që me mundim
    hidheshin".
Edhe më të lumtur ikën.
Udhës që nuk i shihet fundi

por që tek pragu i pret-percjell përqafimi.
Sot tingujt e Lenno -nit *"The Little Child Inside
    The Man"*
gjithçka më thonë.
Ç'jehonë...
Tek stoli boshatisur mendimet rrjedhin,
    fluturojnë,
si gjethet e kësaj stine të vonë
që "lamtumirën" dot s'e thonë.

Në studion e mendimit

Në studion time të mendimit
nuk ka kurrë varfëri
edhe pse muret zhveshur janë.
Nëpër thellësi
sa shumë histori, të thëna e të pathëna
që syri i pa e veç lotit ia tha.

Në studion time
ku i pasur është mendimi
pas çdo gërme që rrëfen histori
edhe kur zërin e ndal trishtimi,
buza që dridhet, ç'miliona fjalë!
Kur zërat heshtjes ngjyra mendimi i falin
e s'bashku vallëzojnë, vizatojnë, debatojnë
    mjeshtërisht.
Është bukur kur mjellmëzojnë fjalët
në liqene heshtjesh që motet i ngrjnë.

Në studion time të mendimit
ku jetët rrjedhin nëpër histori
ato të bukurat e mbijetimit
të mirësisë që edhe kohet e egra përpijnë.

Të thjeshtat e vërteta

Dua të kthehem në gjëra shumë të thjeshta
që paqësisht jetën zbukurojnë.
Pa luks, *make up*-esh,
pa shtirje a skena
që syri i padjallëzuar nuk do kurrë ti dallojë.

Ndonjëherë shkoj te gjërat e mija të thjeshta
që edhe pse të thjeshta,
me sy fëmije, thellësisht zhytem t'i lexoj.
Kuptoj se jeta edhe pse me kaq shumë kthesa
ka gjithmonë një udhë të drejtë,
ku hapat të vetmuar, paralele si jetët që po
    jetojmë.

Gjithmonë shkoj te gjërat e mija të thjeshta.
Janë aty, zverdhur, të pabojë, mbajnë aromën e
    dashurive të vërteta:
aromën e nënës mbajnë ato.

Të thjeshta janë të vërtetat e mija.
Të vërteta të thjeshtat
që jetën veç e zbukurojnë.
Shikimi i saj që më ndjek gjithmonë.
Dashuri fëmijësh që shpirtit
i vizatojnë memoriale dashurish!

THESARI YT

Thesari yt
ka fytyrën e një njeriu të stërlashtë
mbijetuar prej territ,
vuajtjesh, suferinash.
Thesari yt
ka peshën e universales kohë
nuk e zhvlerësojnë,
kurse dollarësh, valutash,
as diamante vitrinash.

Thesari yt
nga duar të rreshkura
historish të përgjakura dhimbjesh
në fjalët e gjuhës tonë të artë
që me art shkruan historitë.
Atë të sakrificës,
mbijetesës, besës, fjalës së mire.
Historinë e njeriut që as harresa,
nuk ia shuajti madhështinë.
Në thesarin tënd
prej fjalësh, ngjyrash, portretesh,
shoh "pasurinë" e shpirtit që udhëton
        kontinenteve
për të zbuluaratë:
NJERIUN!

TRADHËTARE MENDIMI

Një këshillë të mendjes mbaj mend.
Me vete vetes ia përsëris.
Si trupit shpirti kur i dhemb,
ashtu dhemb mendja kur mendimi i ik.

Mendimi ky zjarr që ngroh fjalën,
kur i ftohtë është moti, i akullt shikimi.
Mendimi më i fortë se ndarja që shkaktoi fjala
        pa mend,
Fjala pa mend, kjo tradhtare mendimi.

Kristalet e mendimit

Ne jemi qenie të brishta.
Të vogla, të imëta, që jetës
grimca jete i dhurojmë
edhe kur papërfillshëm i mungojmë.

Të pafuqishme janë të bukurat ndjenja.
Forcës të së keqes, ballë dot s'i bëjnë.
Qenie të brishta, të qelqta,
ku jeta përkohshëm ngjyros kujtime
me buzeqeshjet si shpërthime fuqie
përjetimeve plot burim energjie,
përthyen e thyen në t'kristaltat mendime.

Ne, mikroskopiket qenie
që madhështore na bën vetëm mendimi.

DILEMA EMIGRANTËSH

E harruar vetja.
Shtëpia, ish-shtëpi mbyllur është
edhe të plurosurat kujtime rrijnë në vetmi.
Udha që ndjek veçse një ish gumëzhitje e
   harruar.

Harruar vetja është.
Ish-shkolla, auditoret bosh ende gumëzhijnë
   nga të thellat zëra
që hone distancash përpijnë.

Gdhendur ca emra ditareve të zverdhura të
   memorjes
E shkuara ekuacione mbi të tashmen zgjidh

BOTËN NË SHTATË NOTA

Botën në shtatë nota mbështjell,
jeta në pentagram,
nëpër tinguj mijëra e miliona bashkë me fjalët.
Bota duartroket.
Përtej pentagramit oshëtin një zë
që në fletë të stërlashta botën bashkëbashkuar
    mban
në dy duar që duartrokasin.

VJESHTMENDIM

Vjeshta është mendim
në çdo ngjyrë që nën rrezet e diellta piqet
e me natyrën puthet, bëhet një.

Vjeshta rrit jetë
nëpër çdo frut që me mundim
drejt e në të shenjtën tryezë aq bukur rri.

Vjeshta është mendim
edhe kur degët e zhveshura
i rrijnë dimrit pro, pa peng e as pendim
ëndërrueshëm drejt një të afërt
pranvere gjelbërim.

SHKALLËT E LUTJES

Aty kryqëzohen rrënjët e familjes
ndalem dhe ndjej se sa e thellë
është thirrma që ikjen dot nuk e ndal.
Nga lart ndjek hapat që m'sjellin zëra të largët
porsi zana përrallash.
E në krah...
...eh në krah janë lutjet e plakës që plakjen nuk
    e njeh.
Ca shkallë përbri që ngjiten drejt lutjesh që unë
veç asaj në vesh ia them.

I ngjisim bashkë ato shkallë lutjesh,
bashkë do ti ngjisim përherë.
Aty prehen ca shpirtra të URTËSH
që edhe në ëndërrim, lutjet m'i rrëmbejnë.
Ngjitemi nëpër ato lartësi udhë -lutjesh
pastaj ulemi.
Dhe udhët nga kryqëzohen rrënjët e familjes
me sy të përlotur i ndjekim, i ndjejmë.

KULLË MENDIMI

Asgjë nuk ngroh më shumë se vargu
që struket në atë kullë mendimi
ku "vallëzojnë" fjalë, fjalë.
Ca fjalë të harruara, të bardha
porsi maja bjeshkësh të janarta.
Ka qindra vjet që ikin
prej botës që riciklon veç plehra.

Arratisur janë fjalët e vetmueme
në kullën që ngrohet prej mendimesh të
    thinjura.

Ndrydhun prej kohësh të mbrapshta.
I ngrohtë është mendimi
në kullë të ngujimit ditëve të acarta.

DIALOGU I TYRE...I IMI MONOLOG

Ato flasin për kremërat,
për rrudhat e padrejta,
për djemtë që rriten
 e planet për jetën s'ti tregojnë.
Për udhëtimet e gjata flasin,
të qeshura pa kuptim që veshët ti shurdhojnë.

Teksa flasin për modën, për akomodimin, për
        diamantet,
për kullën e lartë që "ah kjo më e afërta ta shoh
        më pengon",
për ikje-kthime flasin.
Të gjitha historitë e tyre
me nga një dhimbje fillojnë.
Si jeta kur lind përmes dhembjesh që veniten
kur loti i dashurisë pikon.
E me ritmet e hapave teksa rritet jetës i fal
        dashuri
si gurrë që nuk shteron.
Ka një vend ku historitë "puthen",
e brishtaz rrëfimet kryqëzohen,
edhe pse të tjera gjuhë, vende, ajër, kulturash
        larg.
Vrapimet për jetën
fillojnë gjithmonë me një ditë lindje!

MENDIMIT QË SHKON

Është trishtim ikja pa kthim e një mendimi.
Imagjino pranverën sikur ajo të vijë
vetëm një herë edhe pse pritja
mashtron me të pavërteta
që belbëzojnë si fjala që zë nuk nxjerr.
Sa trishtim të vërtetat ikje
që me andrra kthimesh vitet i ushqejnë
e rritesh, thinjesh në agdrite
buzmbramja me andrra të ndjell.
Është trishtim kur
pranvera të ndërsen dimrin,
kur librat të thonë se e vërteta s'vdes,
kur pritja lind veç pritje mrekullish
që udhën dot nuk e gjejnë.
Sa trishtim për ata që ikën.
Të rritesh me të pavërtetën e një ikje
ku kthimi ishte një pranverë pritje
dimër imi…ç'mërzitje.

PULS

Tik-taku i pandalshëm
kohën e ndaloi.
Gjithçka në vend ka ngelur.
Agu, vrullshëm, nuk zgjohet më,
edhe mbrëmja e zhurmshme me dritat stolisur
ka mbetur vetëm.

Tik-taku i pandalshëm
ngulur thellë në kohë.
Diçka don të thotë,
gjithçka që ka parë.
Kryqëzohen duart
kah qielli sytë,
andej shtegtojnë dhe lutjet dhe fjalët.
Ndërsa trupat mbrohen
në kështjella ëndërrimtare
me ngrohtësi familjarësh.

Njeriu modern vizitoi Kozmosin,
brishtësisht gjunjëzohet
përballë të padukshmes koronë.
Projetkte gjigande vizitojnë qiej,
ndërsa duart njerëzore
me vetminë rroken.
Tik-taku shekullor
vrullin ia ndalon kohës.
E koha thërret
"vetevetes t'ia numërosh çdo çast"!

Tia njohësh hallet
edhe gëzimet të gjallës botë
e njeriut çdo frymëmarrje
t'ia masësh me tik-tak.

Minutat që s'ndalen,
e nesërmja që vjen të sotmes që dhemb.
Një tik-tak i pandalshëm që s'resht,
godet e thërret: Jetën në Jetë...përjetë!

LULE MANJOLË

Dhe lulet e manjolës nuk lulëzuan sivjet.
As bar i njomë nuk qendiset prej petalesh.
Kur prilli udhën majit t'ia lerë
pranvera do të frymojë më e pakët.

Mbi trungje manjole nuk fluturojnë bletët,
as shiu pranveror që vallëzon teksa lulzimi si
    valdet përhapet.
Befasisht një tis idhnak drurët i zbardh me
    ftohtësi të akullt
dhe gonxhet e manjolës tkurren pa lulzuar
nën dimrin që plaket.

Kur t'lulzojnë manjolat, t'ja ruash petalet
sepse çdo petal është një puthje me diellin
kur rrezja jetën dhe frymën ia fal agut
bashkë me dritë e ngyra,
ku çdo lule porsi det, valë-valë çelet

ARRATISJE

U arratisa nga qyteti sonte,
nga ajo heshtje e lodhur që të mbyt.
Pëlhurën e kujtimeve rrëmbeva
lehtas e hodha mbi shpirt.

Shtegtova me ta përkrah
porsi shtegtari që udhën nuk e di.
Le të më çojë ku të dojë ky varg
i ngarkuar me kujtime jete
nëpër botën plot pasiguri.

Ika prej qytetit sonte.
Aty vetëm sirena frike zhurmojnë.
Me vete cicërrimat e zogjve
që agimeve në vetmi zgjimeve u këndojnë.

Qyteti u zbraps nga sulm i hatashëm
që me sirena alarmi heshtjen vret.
Strukem diku kujtimeve të zverdhura
me të qeshura e mes miqsish virtuale nëpër
        qytetin që s'flet.

Përtej të mundshmes

Ti gjithmonë vrapon përtej të mundshmes
edhe pse e pamundur është ajo që thua e do.
Një ide që shpresa dhe ëndërrime çel
udhës që nuk e njeh e kundërshti ka ngado.

E dua mendimin tënd që krijime tjerr
Barriera pamundësish me argumenta i çjerr.
Po sikur të mund?
Të jetë?
Ta provoj?
Testin e të nesërmes,
nëpër të sotmen ëndërron.

Ti gjitmonë përtej të mundshmes rend.
Kështu ke qenë gjithnjë e kështu do të jesh
Porsi ëndërrimtari që shekujt kapërcen
me të stërlashtin gur kilometrik
që tej të nesërmes gjithmonë një shteg e gjen.

DITLIBËR

Kur n'syth t'shikimit
leximi çel ma t'bukrin mall
për fjalën a t'brishtin tingull
që mendimit filiza jete i fal.
Në atë maratonë shekullore shkrimi
që rend e rend, varg...
Dritë mendimit ç'burgosje shpirtit
kur t'artin zinxhir fjalêsh syri m'fal.

KAQ LART KAQ THELLË

Kaq thjesht, lart, thellë
një shteg mendimi që mendimin end.
Pa u kacavjerrë as çjerrë.
Me të vërtetatjetës shtigje i çel.
Kaq lart, kaq thellë,
veç mendimi, mendimi ti jep jetë.

PËRPARA SE

Përpara se të jetë vonë
mos hesht.
I matur është mendimi
kur prej mendimesh vlon.
Para se të ikësh i heshtur,
fol.
Pengjet e të pathënave,
fort rëndë peshojnë në këtë botë.

Besoj në mendimet që rrjedhin prej aktesh
nderi.
Kur sinqeriteti, aspak naiv,
si ujët që s'ndal rrjedh.
Besimin lind, e pjekurinë mëkon,
ndërsa unë hesht,
përpara fjalës së matur
prej nga mendim pikon.

MË PRIT

Më prit,
sa të lulëzojë blini-do të vij.
Më prit,
derisa plazhi i boshatisur
të frymojë nga të fundit hapa.
Më prit,
kur gjethja e fundit të bjerë.
Unë do vij
e përmbi dëborë
do rrëshqas si fëmijë.
Më prit...
jo si kujtim por si ëndërr e prerë,
trupin diku,
shpirtin në fluturim.

DASHURI SEZONALE

Dashuri sezonale,
stinëve që ndërrohen.
Endacake e pastrehë
portat t'i mbyll e ligështa kohë.
Atdhedashuri sezonale
një ditore, festive.
S'mund tia duash ngjyrat flamurit
as tingujt himneve
me dashuri-urrejtjeje, provokime.
Kur zotin mohon,
s'mundesh jo, hiret tia njohësh dashurisë.
Kur ndjenjat vret me fjalë
që akte kurrë nuk u bënë.
Sezonalisht s'mund të duash,
ka veç një shteg ku dashuria jeton;
kah vërtetësia.

IZOLIM

Je i lodhur, e di...
Izolimi i gjatë burgosës verbëri
ngjyrat e jetës t'i veshi me terr.
Dhe ti nuk di se cila prej tyre është e jetës
dhe cila vdekje ndjell.
Çoroditur endesh lexueshëm
kafeneve, rrugëve
ku lajme si vallëzime gjethevjeshte lëvrijnë
e gjallëri s'i japin dot kësaj jete
teksa shtrojnë udhën me trishtim,
hapat t'i ngrijnë.

PO SIKUR TË ISHTE VAJZË?!

Po sikur të ishte vajzë?!
Ç'emër do i vije?
Ç'ngjyra, ç'veshje, ç'dekor?
A do ti thoje përditë
e shpirtit lulezonjë?

Po sikur të ishte vajzë
a do e rrethoje me shikime t'rrepta?
Apo me sy tinzar?
"Çfarë veshi kur iku?
Kur po kthehet prapë"?
"E vonoi trafiku
a dikça i ka ngjarë"?!
Po sikur të ishte vajzë...
do ta dinte që ishte vajzë?!
Apo do ta mësonte vjetëve ma të vona.
kur rrjeshtave me zotërinj,
ajo mund të ishte thjesht një numër i zinxhirit
    një me tre.
Nuk ishte vajzë...
Shfryrja qan.

REALISHT

Hiqi syzet e servilizmit
e botës ngjyrat shikoja lirisht.
I pastër është ajri lartësive
atje ku ëndrra dhe dëshira të ngjit.
Me të kthjelltin shikim ndiqi miqtë,
ata që dashurisë nuk i caktojn limit
as kushte, gjithashtu.
Ata që në krah me rrezikun
me besnikëri frymuan
në dhomën e ngushtë,
ç'pasuri,
jetën pa intrigë ta shtrëngosh.

VETES

Të gjatë e zgjodhe udhën.
Apo udha të zgjodhi ty?!
A thu pse gjatë ëndrrave
për ditët e mira fort vrapove ?!
Për fjalët e ambla
me të cilat idhnimit kryet ia lëmove?!

Të gjatë mallin sa një oqean me fjalë.
as dashuria s'i nxë.
Duhen lutje, lutje, lutje varg.
Nga ato që fluturojnë përtej resh
nëpër blu të paqta qiejsh.
E gjatë udha jote
qëndrimi, shtegtimi, ëndërrimi,
drejt jetësh vrapimi.

ATIJ

Ai është një njeri
që hapat t'i njeh, e dëshirat t'i di.
Ishte me ty në vështirësi,
në ditët e bukura...
gjithmonë aty.
Ai është një burrë
që shpinën nuk ta tregon kurrë.
Bëhet mburojë, mur, urë.

Në kapitujt e jetës
kur Fëmijëri-Rini-Pleqëri
kanë një njeri
që vetëm shkëlqime të dhurojë di.
Ç'fatmirësi!

Tekst i pashkruar janë ca fjalë.
Thellë në kujtesë:margaritarë.

KOHË E MARRË

Kjo kohë është e marrë
ndaj nuk ka frikë prej të marrësh.
Ndaj vërshon marrëzia në rrugë, gjithkund.
E turmën "Urra!" përkund
me një melodi të pagjumë
e turma duar shkund, duartroket
e në marrëzinë e vet që as nuk e vret
por ia tret pak nga pak, shikimin, mendimin,
    çlirimin.
Koha e marrë ulëret
në rrugë, teatër, parlament
fëmijës në djep i çjerr gjumthin
e t bishtat andrra ia vret.

PATRIOTIZMIT

Ec pa u ndalur,
e burimit që s'shterr kurrë, gjeja amën.

Duaj pa reshtur,
e dashurisë, gjurmoja amën.
Puth heshtur.
Ik, e pas çdo hapi,
vrapit që nuk ndal
mos ia ndaj sytë
dhe çdo pragu që shkel
si lulja që çel prej rrënjës që i dhuron jetë,
duaje !
Siç ia don amën jetës.

LËVIZJE ANTI

Edhe më shumë
lëvizje në kah të kundërt
Kur jo luftës i thua:Jo! ajo shumfishohet
"Jo!" drogës, e ajo lulëzohet.

Shpirti kur qan prej dhunës,
varg viktimash shtohen
Lutu në heshtje
që të linden gjigandë
që kurrë nuk dorëzohen.

MATURIM

Nuk dua t' më gjykosh bir,
kur ngutem e flas për politikë.
E lirë mendoj e flas
por tënden kritikë e dua shumë prapseprap.
Matem vërtet kur ndjej se dija s'ka fund.
Ndalem shpesh të shoh çfarë thashë,
aty tek syte e tu.
Ku gjej mendimin tim
të vakët, të vrarë, të vjetër, të ri.

Përpara se

Përpara se të jetë vonë
mos hesht.
I matur është mendimi
kur prej mendimesh vlon.
Para se të ikësh i heshtur
fol.

Pengjet e të pathënave
më fort nesër rëndojnë.
Besoj në mendimet që rrjedhin prej aktesh
nderi.
Kur sinqeriteti, aspaknaiv,
si ujët që s'ndal rrjedh.
Besimin lind, e pjekurinë mëkon,
ndërsa unë hesht,
përpara fjalës së matur
ku mendimi pikon.

DASHURI SEZONALE

Dashuri sezonale stinëve që ndërrohen.
Endacake e pastrehë,
portat t'i mbyll e ligështa kohë.
Atdhedashuri sezonale një ditore, festive.
S'mund t'ia duash ngjyrat flamurit,
as tingujt himneve
me dashuri-urrejtjeje, provokime.
Kur zotin mohon,
s'mundesh jo, hiret t'ia njohësh dashurisë.
Kur ndjenjat vret me fjalë
që akte dot kurrë nuk u bënë.
Sezonalisht s'mund të duash,
ka veç një shteg ku dashuria jeton,
kah vërtetësia.

PRONAR I KOHËS

Pronar i të shkuarës,
të tashmes dhe të ardhmes, mos u bëj.
Kur n'shpirt të gëlojnë paudhësitë.
Të lira leri udhët
por drejtoji me urtësi
drejt rregullit të lirisë.
As pronar i fatitmos u bëj.
Sepse fati të përmbys edhe ty një ditë.
Nëpër shtigjet ku padrejtesia të shpie
kur prej kaosi çorienton
edhe ma të brishtat liri.

DY KODRINAT

Janë dy.
Përmbi, lart, atje.
Dëshmi të ca jetëve
që gjallojnë tej rrugësh, luginash, njerëzish.
E prej nga lart
ditës ia masin pulsimin.
Netëve prej yjesh shkëlqimin.
Janë dy kodrina në jetën time
tablo që shpirtin m'zbukurojnë.
Atje tej e atyre që m'lindën
e që e gjelbërt është në pranverë
të murrmen e kafenjtë në kohë dimrash
sa shumë ia pëlqej.
Në tjetrën kodrinë
që me vrapin e lehtë ia ngjis shkallët
prej zërash jete gjallon përditë.
Nga lart qytetit që m'lindi ia sheh bukuritë.
Edhe ca tinguj të largët dasme
ç'muzikë.

Janë dy kodrina në jetën time
Veshur me t'kujtesës zbukurime.

TI VENDIT TAND I IK ÇDO DITË

Ti vendit tand i ik çdo ditë
rrethuar nga mendime t'errëta
armik në zyrë,
në rrugë, në parti armik.
Armik në shtëpi,
në kufi, në gjithësi armik.
Ti thua jam patriot
E vetes dashuri s'i dhuron.
Duaj veten që të të dua, të të duan,
pastaj dashuria lulëzon.
Ti vendit tand mos i ik
e shpirtit dhuroji përditë
nga një mirnjohje t'falenderimtë,
edhe pse nderin s'e njohe asnjëherë
sepse ty askush s'të bëri nder.
Dhunuar me bunkerë
n'vend të një toke të lulzume...betoni-bunker
në vend të rrugëve të asfaltume.
Bunker izolimi...andrrave të andërrimit
Bunker pranverave të dimrit.

STUHINË NGA JASHTË

E pashë stuhinë nga jashtë.
Copëzat që thyheshin,
ciflat era m'i përplaste
sipas ritmit që shpejtësia frynte-shfrynte.
Stuhia nga jashtë nuk shihte
teksa pa mëshirë përpinte,
pa urrejtje, preferenca, dashuri.
Ajo bënte atë që dinte:
rrëzonte përdhe gjithçka përpara i zinte shtigjet
e të çmendurit udhëtim.
Stuhinë nga jashtë e pashë
edhe kur ciflat shikimit ia përplaste
foto i bëra çdo thyerje që rrëkeja nxiste-shkiste.
Që Memorial – mbijetesës ti mbetej,
relike jete, teksa vajtonte jetën në ikje.

PAK TEREZË NË ÇDO GRUA

Pak Terezë në çdo grua
më shumë dashuri për veten, fëmijën, shtëpinë,
për shpirtin e pafaj që vuan,
për Njeriun, pak më shumë dashuri.

Pak Terezë në çdo human
përpara se fjalën e lig ta bësh ligj,
përpara se të vrasësh me armë,
me shpirt, me duar, me intrigë
përpara çdo tiranie
bëhu pak, veç pak Gonxhe Bojaxhi.

FTOHTËSI

Eshtë ftohtë, mjegull.
Udhët që kryqëzohen
janë dhe s'janë.
Pikëpyetjet shtohen,
zgjidhjet si gjerdanë mënjanë,
porsi thesaret që fshehur i mban.
Festave ua rrëfen
veshur me ma t'bukrin iluzion shkëlqimi.
Kur ftohtë bën, ëndrra diellore bëhet
e si shkëlqim feste ndritcueshem josh.

MENDJESHKËNDI

Kur bie shi e diellit rrezet ia lus,
kohët e tymta mes zjarrit që s'shndrin
    prushpuris
nëpër të fikurin prush.
Errësirës t'ia djeg mantelin s'mund.
Është e gjatë nata, errësira ka fik yjet gjithkund.
Ëndrrës si t'ia ndrrij udhën që gjumin
    përkund?!
Kur bën ftohtë e bie shi,
ndodh që flakën e ngrohtësisë
ta ndezë vetëm një qiri i mendimit
që vjen nga e një mendje shkëndi.

E DREJTA ILUZION

Koha nuk të shembi.
Fati po.
Errësira të kërrusi.
E drejta jo dhe jo.
Sepse pas teje rend e gjarpërt udha.
Të fsheh.
E kur prap të gjen.
E drejta, një fëshfëritje ere që të egër e bën
    furtuna.
E në katrahurë
mes gjurmësh të përhumbura
ca hulumtues gërmojnë gënjeshtra
nën themele të gurta.
E me ta shkruhen trille panairesh
ku si prostituta fjala shitet.
Diku, nën gërmadha,
e drejta muret pa themel ç'i shkundka.

VETES

Të gjatë e zgjodhe udhën.
Apo udha të zgjodhi ty?!
A thu pse përtej ëndrrave
ditë të mira jetës i dhurove?!
A thua pse me fjalët e ambla
idhnimit kryet ia lëmove?!

Sa me peshë ky mall
Sa një oqean me fjalë...
As dashuria nuk e nxë.
Duhen lutje, lutje, lutje varg.
Nga ato që fluturojnë përtej resh
nëpër blu të paqta qiejsh.
Ç'e gjatë udha jote
qëndrimi, shtegtimi, ëndërrimi
nga vetja tek vetvetja.

DIALOG ME D.B

Nëpër mendimet e tua "të plakura"
thinjen, maturohen vendimet.
Fjalë të pakta...sa të qarta shikimet.
Ti m'thua; "mendja t'u plak"
Kur trupi njëzet vjet ti ka.
Unë qeshem e t'i puth ato sy të bukur
    mendimtar.
Mendimet e tua të plakura...
shpirtin ma begatojnë.
T'i puth flokët e zinj
nën të cilat i heshtur rri mendimi jot.

KOHË E MARRË

Kjo kohë është e marrë
ndaj nuk ka frikë prej të marrësh.
Ndaj vërshon marrëzia në rrugë, gjithkund.
E turmën "Urra!" përkund
me melodinë e pagjumë
e turma duart shkund duartroket
e në marrëzinë e vet
që as nuk e vret
por pak nga pak e terr shikimin, mendimin,
    lirimin.
Koha e marrë ulëret
në rrugë, teatër, parlament
fëmijës në djep
i çjerr gjumthin
e andrrat ia vret.

SHTIGJET E SË NESËRMES

Ti gjithmonë vrapon përtej të mundshmes
edhe pse e pamundur është ajo që thua e do.
Një ide që shpresa dhe ëndërrime çel udhës
që nuk e njeh e kundërshti ka ngado.

E dua mendimin tënd që krijime tjerr.
Barriera bamundësish me argumenta i çjerr.
Po sikur të mund?Të jetë? Ta provoj?
Testin e të nesërmes nëpër të sotmen ëndërron.

Ti gjithmonë përtej të mundshmes rend.
Kështu ke qenë gjithnjë e kështu do të jesh.
Porsi ëndërrimtari që shekujt kapërcen
me të stërlashtin gur kilometrik që tej të
        nesërmes e gjen një shteg.

DIALOG ME **LIRIN**

-Ka varfëri, më the, -ka varfëri.
Në shpirt, në sy, në mendim.
Në rrugë, në udhëkryq, në pragliri.
Prandaj nuk lindin dot udhëheqës,
Sepse varferia mbyt çdo liri.
Ka varfëri,-më the, -ka varfëri.
në çdo mur, çdo portë, çdo shtëpi
prandaj "shkëlqejne "diktaturat
teksa turmat zhyten në joliri.

PADIJE

Ti nuk e di,
zjarri që ndizet dhe shuhet
kur i acartë është moti.
Ti nuk e di diellin
që del dhe fshihet
kur prej shpirti si shiu derdhet loti.

S'e din se sytë që qeshin e shndrrijnë
kanë zjarrin, diellin, dritën, natën që i nxin.
Por ndodh që sytë edhe yjet i përpijnë
kur prej dashurisë ato ndrijnë.

BURGU I FJALËS

Fjala u përmend e burgosur
"çfarë të them?" -tha
trullosur nga errësira e gjatë.
Në gojë mbeti brenga që kurrë nuk u tha
porsi lulet përherë në lulzim,
porsi e drejta e lodhur prej dyluftimi
që shekujt s'ia çelën një udhë, por as shpresat
    nuk ia terrën,
udhës së gjatë, e pathyer si kalatë.
Një oqean fjalësh u thurën
për ato shtigje lirish që fjalët edhe të pezullta
    çelin.

Por kur fjala mbeti e pathënë...
mendimi iu bë djepi.
Ia përkundi pandalshëm çdo shkronjë,
ia lexoi në heshtje çdo gjendje.
fjala mendimit i shkroi,
mendimi asaj iu bë roje.

EJA NË JETË

Të jesh zëri i atyre që s'flasin dot
e me ngjyrat e arsyjes
ti celësh një rreze-shprese e të drejte
botës që me të padrejtën gjarperueshëm rend.

Të ndalem, të hesht në këtë botë stërmbushur
    me pacientë?!

Zërinqë s'mundet me lyp jetë kur rrugaçëria
    ulëret
të shkel, të përbuz, vret me urrejtjen gangrenë.

Ti zë që dot nuk flet,
mos hesht, eja në jetë!
Eja ne jetë!

NJI ZA NGA E KALUEMJA

Dëgjova nji za.
Nji za kohrash të hershme.
Ku veç e vërteta ndihej e lirë.
Edhe pse pre intrigash të rrejshme,
zani i vjetërruem himn të drejtave i thur.

Nji za nga e kaluemja
nëpër terre robnish rend
e shtigje i lirie udhëve të paudha u çel.
Za i vjetërruem, kor viktimash
me heronj të harruembotën e mpiksur përqesh
    e shkund.

Ah ky za i vjetërruemprej kordash të brishta
    humane,
i stërlashtë, i harruem,
si monument vërtetësie m'u duk.

MOS HARRO TË QESHËSH

Mos harro të qeshësh,
fjalët që dëgjon,
të pavërtetave fjalë,
buzëqeshu ngadalë.

Mos harro të qeshësh kur lajmet ndjek;
u grindën, u ndanë e për karrike u shanë,
buzëqeshu lehtë,
përbri kafesë së nxehtë.

Qeshu, edhe kur suksesi i madh me dështimin
     bëjnë paradë.
Është false kjo botë,
me të vërtetat e tkurrura në hone heshtjesh
që presin të zgjohen prej buzëqeshjeve të
     vërtetave që fjalën e hidhur
nuk dijnë ta thonë kurrë.

Qesh, mos harro të qeshësh,
nuk ka të vërtetë më të bukur
se shpirti që zhurmë bën kur gajaset
me këtë botë që luan e bën lojë fjalësh.

Qeshu,
sepse bota nuk është e jotja,
por pengu i maturimit të heshtjeve të pagoja
viktimë dyluftimesh të fortësh është bota.

Qeshu, me kafenë që ftohet duke t'prit, duke e
    prit.
Teksa mbijetuesit pret tia lexosh historinë
me buzëqeshjen e tharë,
me lotin që mbjell shikimin e ngrirë
andej nga fishkëllejnë të përdala fjalët.

Qeshu!
(këshillë vetes)

Himn Vyrtytit

Fjalë e vargje fjalësh
ku pesha e mendimit s'ka peshë.
Fjalë që turren plot maska guximi
të madhit, të fortit ti bëjnë makjazh.

Fjalë që endin pëlhura hipokrizie.
Sepse mirnjohja nuk thuhet ajo veç pulson
nëpër rrugëtimin e fjalëve ku mendimi
udhën drejt vyrtytit projekton.

E fjalët e papesha i fryn erëvjeshta
bashkë me fytyra maskash pa fytyrë
ajrit dimror i vizatojnë dëshpërimin
që lind kur fjala me fjalën gdhendin maska
    njeriu.

Të thurësh varg nuk qenka ndonjë sfidë
Varg janë poetët edhe mendimet varg.
Si ti thurësh himn virtytit në këtë botë
    hipokritësh,
aq sa dhe fjala prej fjalës të ndritë?!

KONSTANTJA IMEE DASHURISË

Imagjinata e tij oksigjenohet pas çdo leximi
e ngjyra stinësh vesh.
Teksa i them që atje lart ti duhej ta kishe
    shtëpinë
atje ku prindi i prindit tënd pleqërinë nuk e
    njeh
edhe pse vite plot peshë e brenga ngarkuar i
    rrijnë.
Imagjinata e tij porsi pendë e lehtë
shtegton atjembi lartësinë ku
ne donim ta kishim shtëpinë,
atje ku ëndërrimet si gjethe vjeshte shtegtojnë
e ku lastarë lozonjarë
pranverore shpresash valvijnë.

Është një fletëz e bardhë
që lundron nëpër fantazinë e një rrëfimi
që gdhend e gdhend fjalët përmbi lartësi me
    laps.
Ia numëroj vijëzat atij vizatimi
porsi shpendët foletë kerkojnë majës së nalt,
e nëpër çdo rrëshqitje lapsi
shikoj se si jetojnë fjalët e mia
nëpër tënden imagjinatë.

MBI "TURMEN URRA"

Turma "urra"fjalën në grykë na la
nën zërin që u mek
kur me "urran"ndërtohej solidariteti rremë,
    "besnikesh",
servilë "aksioneve proletare".
Ku zëri i tjetrit, heshtja, fjala jo-urra
ishte herezi e në turra zjarresh gijotine
edhe shpirti varej,
ai më i bukuri shpirt
teksa lindte lirtë
që ajo, urraja turmë nga "fitorja në fitorje "
të ishte ngadhnjimtare, superiore.
Kjo ndodhte kur trashëgimnija jonë kulturore
edhe pse e stërlashtë
të vetmen risi kishte imitimin
e një kohe që villte thirrje,
aspak lutje, as dashuri,
e jetën -trashëgimni a mallkim etërsh helmonte.
-Mos u bëj turma urra!
zëri i mekët tha.
Jugut -veri -Veriut -jug
kur hapa dhe gjurmë urrejtjesh gjallojnë
dyjëzuar, vetmisht.

MENDIMIT KUSH S'I SHKROI

Mendimit askush s'i shkroi.
Mendimit sa e sa herë dhunuar.
Prej bukurise eklipsuar.
Prej marrëzisë sa e sa here mohuar

PAQJA IME TI

Që kur ike ti,
unë lutem veç për Paqe.

E paqe hiç s'po vjen.

Që kur ike ti
unë pritshëm rroj me pyetje.

Ku je?
Pse s'vjen ?
A vjen?

Që kur ike ti …
….Mos Paqja ime je TI?!
Paqja ime je ti.

MENDIMTHINJURI DB

Je Jetëz që nga një grimcëz jete nis.
E në hapat e parë pranë dashurish
tëecësh nis, ngadalshem, pandalshëm.
Rrugës ku ka shumë miq, armiq
të gatshem të t'duan,
të pandalshem të t'urrejnë,
ti ec pa pasur kohë të duash, as të urresh.
Mir e di; urrejtjen ti s'e njeh.
Rrugëve i vetëm kur jetës planet nuk ia din
nëse pas mundimesh do takosh suksesin
kur drejt teje të rendin e rendin duar-sy
vrapo drejt hapit të parë qët 'mori prej duarsh
e t'mësoinë të parin udhëtim;
dashurinë.

KORNIZË DASHURISH

Kornizën e mëngjesit
ia vura ditës.
Kornizë mendimesh dhe kujtimesh.
Me bojra t'pabuja meditimesh.
Një kornize verore
Mbi dimra, pranvera, aty ku agon buzeqeshja.
Kah lulzimi përherë bleron
edhe kur e hirte është stuhia.
Një kornizë ku rrin varur çdo zë e bisedë.
Një kornizë ku gezimi rrin gjithmonë zgjuar.
I qeshet çastit të bukur
me momentin e fotografisë përqafuar.
Rrin varur edhe në sytë e mi.
Përjetësisht.
Për të mos u harruar.

PËR LIRITË E GABUARA.

Nuk të duhen disa lloj lirish.
Porsi aksesorët me shkëlqime të rreme.
Pas ngjyra e dritash kot mos u avit
Janë krejt bosh e pa dritë
ato lloj vezullimesh.

Mos rend drejt lirish të kota.
Ato joshin dëshira të gabume.
I mundimshëm është edhe vrapimi ku liri është
    fjala e pamatur
si i paardhuri brumë.

Liritë e vogla, si çmendina duken
edhe shpirti i lirë kur bredh ndër ta
Të vogëtha qëllimet i bën të duken dhe liritë
    çbëhen sakaq.

Prej burgje gabimesh gabimesh përthithen
Si trupi që notin mirë nuk e din
Oqeanet e shpresave befas tkurren e bëhen
    varre lirish

Nuk di nëse dijen mund ta quaj liri.
Kur prej burgut të padijes del
Fjala ngjyroset me tinguj sigurie
E jeta n' tablo shpresash derdhet.

AGIMET E PAGJUMA

Në perëndim,
takim ëndrrash të perênduara.
Janë kaq shumë...
Shumë më tepër se ato që do të lindin nesër.
Me perëndimin
kaq fort e dashuruar
përqafim të shkuarës
me afshin e padurimit
të shikimit që lind bashkë me diellin.
Kur fjala mbetet pezull
porsi një re ngarkuar me dete avujsh,
që era shfryn, e fryn, e shtyn
e nëpër dhëmbë belbëzon lutje.

Kur fjala takon trishtimin që tkurret
nga shpresa se ai pak zë mërmëritës
në lutje dylufton me heshtjet e errëta
syhapura si agimet e pagjuma që përkundin
    perëndimet.

DY BOTËT

Jetojmë nëdy botë të ndryshme.
Që njëra -tjetrës nuk i buzëqeshin dot.
Këtej ka më shumë mundime,stërmundime.
Andej ndrijnë dritëza që s'i dalloj.

Ecim botëve të ndryshme.
Edhe fryma që marrim nuk është njësoj.
Prandaj sytë s'i gëzon dot tundimi.
Kur as udhët e njejta më nuk na takojnë .

Këtej ndezur janë Dritat e mundimit .
Zor ti shohë gjithkush,
shumë shpirtra rrijnë ngrohtë.

Edhe pa vezullime dritash,
prej dritash që burojnë prej thellësive të shpirtit
     ndriçojnë.
Të qarta, të kthjellta,
vyrtytshëm urtësisht gjenerojnë.

KY QYTET...

Ky qytet që na mbledh e josh bashkë me
    brengat tona...
Me lotët e mallit prej distancash,
me vatjte-ardhjet, pritje-përcjelljet.

Ky qytet që edhe pse s'di ta duash të don po
    dite.
Të burgos nga padija, por ti prap zbulon
    vetveten.
Ky qytet ku ti kupton se besimi është forca që
    s'të lë kurrë vetëm.
Ky qytet që po i ike të thërret
ngaqë nuk i ikën dot
porsi dielli qiellit kur era shryn retë dhe tokës i
    buzëqesh prej nga miliona mëngjese.

Ky qytet që edhe pse s'di ta duash ,e do dhe të
    do porsi diej ftohtësish në mars.
Ky qytet sa shumë brengave tona u ngjan .